बाबा फरीद जी

ईश्वर सिंह

मैं यह पुस्तक उन साधू संतों को समर्पित करता हूँ जिन्होंने भक्ति के माध्यम से विश्व में स्थायी शांति स्थापित करने के लिए बहुत संघर्ष किया।

क्रम-सूची

1
बाबा फरीद जी

बाबा फरीद जी हिंदुस्तान के बहुत बड़े संत हुए हैं। उस समय के लोग बाबा फरीद जी की जीवनशेली से काफ़ी प्रभावित थे। फरीद जी की वाणी में बहुत मिठास थी और वे हर किसी को प्रेम सदभावना से ही मिलते थे।

उनका पूरा नाम फरीदुद्दीन गंजशकर था और उनका जन्म 1173 में पंजाब के मुल्तान में हुआ था। बचपन से ही वे संत सवभाव वाले थे लेकिन उनके इस सवभाव

को और निखारने में उनकी मां का बहुत अहम योगदान था। वह उनकी मां ही थीं जिन्होंने फरीद जी को दिशा दी और परमार्थ के मार्ग पर चलाया।

बचपन में ज़ब फरीद जी नमाज़ पढ़ने से मना करने लगे तो उनकी मां ने बड़ी सूझ बूझ से उनको नमाज़ पढ़ने की आदत डाली। उनकी मां ने फरीद जी को कहा कि अगर तुम नमाज़ पढ़ोगे तो अल्लाह तुम्हे कुछ ना कुछ मीठा खाने को देगा। इसी बात पर राज़ी हो कर फरीद जी नमाज़ पढ़ने के लिए बैठ जाते और ज़ब वे आँखें बंद करके नमाज़ पढ़ रहे होते तो बड़ी होशियारी से उनकी मां एक कटोरी में शक्कर भर के रख देती। फरीद जी ज़ब अपनी आँखें खोलते तो उनके सामने शक्कर से भरी कटोरी पड़ी होती। फरीद जी इसको अल्लाह का चमत्कार मान कर बहुत खुश होते और बड़ी ख़ुशी से शक्कर का सेवन करते।

इसी तरह से फरीद जी का बचपन बीत रहा था। ज़ब भी फरीद जी नमाज़ पढ़ कर आखें खोलते तो कभी उनके सामने कटोरी में मिश्री पढ़ी होती तो कभी कोई मिठाई पड़ी मिलती। दिनों दिन फरीद जी का अल्लाह के साथ स्नेह बढ़ता जा रहा था। उनको अब नमाज़ पढ़ने में मज़ा आने लगा। उनकी ज़ुबान पे अब रूहानी रस आना शुरू हो गया।

ज़ब फरीद जी किशोर अवस्था में आये तो उनका मन घर बार शोड़ कर जंगल में जाकर तपस्या करने को होने

लगा। उनका मन अब घर के कामों में नहीं लग पर रहा था। वे अल्लाह के साथ ही लीन होना चाहते थे। एक दिन वे ऐसे ही अपनी मां को बता कर अपना घर शोड़ कर जंगल में तपस्या करने के लिए चल पड़े। उन्होंने जंगल में रहने के लिए एक छोटी सी कुटिया बनाई और वहां रहना शुरू कर दिया। फरीद जी ने ये ठान लिया था कि वे अल्लाह को प्राप्त करके ही दम लेंगे। इसी प्रतिज्ञा के चलते उन्होंने उस जंगल में बैठ कर बारां साल तक तपस्या की।

बारां साल तपस्या करके फरीद जी घर वापिस आ गए। इतनी तपस्या करने के बावजूद भी फरीद जी को वो लक्ष्य प्राप्त नहीं हुआ जिसके लिए वे जंगल में तपस्या करने के लिए गए थे। घर वापिस आकर वे अपनी मां से मिले और उनको अपने दिल का हाल बयान कर दिया। मां ने फरीद जी को गले से लगाया और उनको धैर्य रखने को कहा। मां ने फरीद जी को अपने लक्ष्य पर डटे रहने को कहा। फरीद जी कुछ दिनों तक अपनी मां के पास रुके और फिर अपने लक्ष्य को साधने के लिए त्यार हो गए।

फरीद जी काफ़ी आशावादी थे वे अपनी मां से मिलकर अब दूसरी बार फिर जंगल के लिए निकल गए। फरीद जी दुबारा अपनी कुटिया में जा बिराजे। परमात्मा के दर्शन पाने के लिए उन्होंने फिर से अपनी तपस्या शुरू की। ऐसे ही तपस्या करते करते फिर बारां साल का समय बीत गया।

एक दिन फरीद जी अपनी कुटिया में बैठ कर नमाज़ अदा कर रहे थे तो बाहर से बहुत सारी चिड़ियों के चहकने की आवाज़ें आने लगीं। बाहर से लगातार आवाज़ें आने के वजह से फरीद जी का ध्यान भटक गया और उन्होंने गुस्से में आकर कह दिया "मर जाओ चिड़ियो"। जब फरीद जी नमाज़ खत्म करके कुटिया से बाहर आये तो उन्होंने देखा कि काफ़ी ज़्यादा तादाद में चिड़ियाँ मरी पड़ी थीं। ये सब देख कर फरीद जी काफ़ी हैरान हुए। चौबीस साल तपस्या करने के बाद अब फरीद जी इस अवस्था पर पहुंच चुके थे जिसमे फरीद जी जो भी कहेंगे वो सच हो जायेगा। इसी लिए कहा जाता हैं कि कभी भी साधू संतों का निरादार नहीं करना चाहिए क्यूंकि साधु संतों की कही बात पूरी हो कर रहती है।

जब फरीद जी ने मरी हुई चिड़ियों को देखा तो उनको चिड़ियों पे तरस आ गया और उन्होंने कहा कि "चिड़ियो उठ जायो"। फरीद जी के इतना कहने की देर ही थी कि सारी चिड़ियाँ उठ कर उड़ गयीं। ऐसा वाक्य देखने के बाद फरीद जी को ऐसे लगने लगा कि उन्होंने काफ़ी कुछ हासिल कर लिया है। अपनी इस करामात को देख कर मन ही मन में अहंकार होना शुरू हो गया।

फरीद जी अब दुबारा घर वापिस जाने के लिए त्यार हो गए। एक दिन के भीतर ही वे जंगल शोड़ कर घर की और चल पड़े। फरीद जी रास्ते पे चल रहे थे और मन में अपनी शक्तियों का अहंकार भी पैदा हो रहा था। रास्ते

पे चलते चलते फरीद जी को प्यास लग गयी। थोड़ी दूर फरीद जी की नज़र एक कुएँ पर पड़ी। फरीद जी जल्दी जल्दी वहां पहुंचे तो देखा कि एक पचीस तीस साल की लड़की उसी कुएँ में से पानी निकाल कर अपने खेतों को पानी दे रही थी। फरीद जी ने उस लड़की से कहा कि गर्मी बहुत है और मुझे प्यास लगी है कृपा करके मुझे कुएँ से पानी निकाल कर पिला दो। उस लड़की ने बड़े आदर भाव से कहा कि आप ज़रा रुक जाईये मैं पहले अपने खेतों को पानी दे दूं फिर आपको पानी पिला दूंगी। यह सुन कर फरीद जी को बहुत गुस्सा आया और गुस्से में उन्होंने उस लड़की से कहा कि तुम मुझे जानती नहीं हो मेरे पास बहुत सी शक्तियां हैं, मैं जो चाहूं वो कर सकता हूं, मैं जो बोलता हूं वो सत्य हो जाता है। वो लड़की फरीद जी की बातें सुनती रही और साथ साथ अपने खेतों में पानी देती रही लेकिन कुछ नहीं बोली। उस लड़की को इतना शांत देख कर फरीद जी और क्रोधित हो गए और कहने लगे कि मैं तुम्हें आख़री चेतावनी देता हूं मुझे पानी पिलाओ नहीं तो मैं तुम्हें मार दूंगा। फरीद जी की इतनी बात सुनकर वे लड़की मुस्कुराने लगी और कहने लगी कि तुम मुझे भी वैसे ही मारोगे जैसे तुमने जंगल में उन चिड़ियों को मारा था? इतनी बात सुनकर फरीद जी पूरी तरह से हिल गए और सोचने लगे कि ये बात इसे कैसे पता चली कि मैंने जंगल में चिड़ियों को मारा था। जंगल तो यहां से कोसों दूर है और जब चिड़ियाँ मेरी कुटिया के सामने मरी पड़ी थीं तो उस समय मैं तो कुटिया के अंदर था।

फरीद जी जब मन ही मन इस दुबिधा में डूबे हुए थे तो वह लड़की बोली कि जब तुम चौबीस साल पहले तपस्या पे बैठे थे तो उस समय तुम्हारा लक्ष्य क्या था चौबीस साल बाद तुमने हासिल क्या किया है? जब फरीद जी ने उस लड़की की बात सुनी तो उनका अहंकार चकनाचूर हो गया और साथ में ये भी अहसास हो गया कि ये लड़की कोई आम लड़की नहीं है।

अब फरीद जी को समझ आ गयी कि अभी उनको उनका लक्ष्य प्राप्त नहीं हुआ है लेकिन अब फरीद जी अंदर से टूट चुके थे और अपनी हार मान रहे थे। इतने में वो लड़की फरीद जी को उनकी सबसे बड़ी गलती बताती है जिसकी वजह से वे अभी तक अपनी मंज़िल पर नहीं पहुँच पाए।

क्या थी वो गलती? उस लड़की ने बड़े प्रेम से फरीद जी को समझाया कि जिंदगी में अगर कोई दुनियावी कार्य भी करना हो तो तब भी एक गुरु से शिक्षा लेनी पड़ती है लेकिन तुम तो उस परमात्मा के दर्शन पाने के लिए घर से निकल पड़े वो भी बिना किसी गुरु की दीक्षा लिए। तुम्हारे पास एक सच्चे गुरु का मार्गदर्शन नहीं था इसी तुम चौबीस साल तक भटकते रहे हो।

इतनी बात सुनकर फरीद जी को एहसास हुआ कि गुरु धारण ना करना ही उनकी सबसे बड़ी गलती थी और अब फरीद जी ने अपनी गलती को सुधारने का मन बना लिया था। इतने में ही वो लड़की बोली कि पास के ही

एक गांव में एक पहुंचे हुए पीर रहते हैं तुम जाओ और जाकर उनके शिष्य बन जाओ।

फरीद जी ने उस लड़की की बात को मानते हुए उस गांव की और चलना शुरू कर दिया और उस पीर बाबा को अपना गुरु बना लिया। अब धीरे धीरे गुरु और शिष्य के बीच में प्रेम बढ़ता गया और फरीद जी अपने गुरु के आदेशों के अनुसार अपना जीवन जीने लगे।

पुराने समय में आग जलाने के लिए कोई माचिस नहीं हुआ करती थी। लोग बड़ी मेहनत करके आग जलाते थे और फिर सारी रात वह आग चूल्हे में जलती रहती थी। अगले दिन उसी आग को प्रयोग करके पानी गर्म किया जाता था और खाना पकाया जाता था। फरीद जी भी रोज़ सुबह सूर्य उदय से पहले उठ जाते और सेवा में लग जाया करते।

एक बार रात को काफ़ी तेज़ बारिश हुई और चूल्हे में पड़ी आग बुझ गयी। सुबह जब फरीद जी उठ कर अपने गुरु के पास गए तो उन्हें हुक्म हुआ कि रात को बारिश की वजह से आग बुझ गयी है तुम नगर में जाओ और किसी के घर से आग लेके आओ।

बारिश अभी भी हो रही थी। नगर की सारी गलियाँ कीचड़ से भरी पड़ी थीं। फरीद जी ने कोई परवाह न करते हुए अपनी कमबली उठाई और आग लेने के लिए

कीचड़ से भरी गलियों में चाहिए पड़े। काफ़ी घरों में पूछा लेकिन बारिश की वजह से आग तकरीबन सब के घर में बुझ गयी थी। तभी नगर से थोड़ी दूर एक घर में आग जल रही थी। फरीद जी झट से वहां पहुंचे और घर का दरवाजा खटखटाने लगे।

यह एक वेश्या का घर था। फरीद जी ने आवाज दी और थोड़ी देर में वह वेश्या बाहर आ गयी। फरीद जी ने बड़े प्रेम और अदब से कहा मां मुझे आश्रम में खाना पकाने के लिए आग चाहिए। कल रात बारिश की वजह से आग बुझ गयी थी, अभी मुझे आग की बहुत ज़रूरत है, मेरे मुरशद मेरा रास्ता देख रहे होंगे।

तब वेश्या बोली मेरे घर का चूल्हा कमरे में ही होता है इसलिए आग है लेकिन ये आग मैं तुम्हें तभी दूंगी जब तुम इस के बदले में मुझे भी कुछ दोगे। वेश्या काम वाष्णा में बुरी तरह ग्रसित थी और उसने फरीद जी को अपने साथ सम्बन्ध बनाने को कहा। फरीद जी वेश्या को बोले मुझे ये सौदा मंज़ूर नहीं है। मैंने तुम्हें मां का दर्जा दिया है और तुम ये कैसी बातें कर रही हो। तुम कुछ और मांग लो, मैं तुम्हें दे दूंगा लेकिन तुम्हारी ये बात मुझे मंज़ूर नहीं है।

इतने में वेश्या को एक शरारत सूझी और उसने फरीद जी को कहा कि चलो ठीक है तुम ऐसा करो कि इस आग के बदले में मुझे अपनी एक आँख देदो और आग ले जाओ। फरीद जी ने इतनी बात सुनते ही पास में

पड़ा एक नोकीला चाकू उठाया और अपनी एक आंख निकाल कर उस वेश्या के सामने रख दी। वेश्या ये सब देख कर बहुत घबरा गयी और फरीद जी की आंख को अपने सामने देख कर ज़ोर ज़ोर से चीखने लगी। मन ही मन वेश्या को बहुत पछतावा हो रहा था कि उसने ये क्या कर दिया।

फरीद जी की आंख वाली जगह से खून रिसना बंद नहीं हो रहा था और उनको आग लेकर जल्दी से वापिस अपने गुरु के पास भी जाना था तो और फरीद जी ये भी नहीं चाहते थे उनके गुरु को पता चले कि मैंने अपनी आंख बेचकर आग का बंदोबस्त किया है। तो फरीद जी ने फटाफट से एक कपड़े का टुकड़ा लिया और उसे अपनी आंख वाली जगह पर बांध लिया। थोड़ी देर में खून का रिसाव बंद हो गया और फरीद जी अपने आश्रम वापिस चले गए।

फरीद जी ने आश्रम पहुंच कर सबसे पहले उसी आग से चूल्हा जलाया और खाना पकाना शुरू कर दिया। जब फरीद जी ने सारा काम निपटा लिया तो वे उसी जगह पर बैठ गए और भगवान का नाम जपना शुरू कर दिया। फरीद जी की रोज़ की दिनचर्या यह थी कि वे रोज़ खाना बनाने के बाद अपने गुरु के दर्शन करने ज़रूर जाते थे लेकिन आज वे इस डर से अपने गुरु को मिलने नहीं गए कि कहीं गुरु जी को इस बात का पता ना चल जाये कि मेरी एक आंख नहीं है। ये था फरीद जी का अपने गुरु के प्रति प्रेम।

जब फरीद जी अपने गुरु को मिलने नहीं आये तो उनके गुरु जी ने अपने दुसरे शिष्यों से पूछा कि फरीद कहां है आज कहीं नज़र नहीं आ रहा। गुरु जी ने अपने शिष्यों को आदेश दिया कि जाओ फरीद को बुला कर लाओ।

फरीद जी ने अपनी आंख वाली जगह पर एक कपड़े का टुकड़ा बांधा हुआ था। जब फरीद जी अपने गुरु के सामने पहुंचे तो आंख पर कपड़े का टुकड़ा बंधा देख कर गुरु जी ने पूछा कि ये कपड़ा क्यों बांधा हुआ तुमने अपने आंख पर। तो फरीद जी ने जवाब दिया कि सुबह से मेरी आंख में बहुत दर्द है और दर्द के कारण आंख खुल नहीं रही है इसलिए कपड़ा बांधा हुआ है।

फरीद जी कि यह बात सुनकर गुरू जी ने कहा कि तुम अपनी आंख पे से यह कपड़ा हटा दो, तुम्हारी आंख खुल जाएगी। अपने गुरु के आदेश का पालन करते हुए फरीद जी ने वह कपड़ा हटा दिया। जब फरीद जी ने वह कपड़ा हटाया तो उस जगह पर एक नई आंख आ चुकी थी और दर्द भी खत्म हो चुका था।

यह नज़ारा देख कर फरीद जी ने अपने गुरु के चरणों पे माथा टेका और फिर भजन बन्दगी में लग गए। तो ये थी बाबा फरीद जी के जीवन की कुछ अनमोल कथाएं। मैं आशा करता हूं कि आप को बाबा फरीद जी के जीवन से बहुत कुछ सीखने को मिलेगा। फरीद जी के जीवन से जो मुझे सीखने को मिला है वो है "धैर्य"। फरीद जी